AF266150

www.ingramcontent.com/pod-product-compliance
Lightning Source LLC
Chambersburg PA
CBHW041033050726
47599CB00018B/1942

الْمُسْتَوَى الْأَوَّلُ: الْقِرَاءَةُ وَالْكِتَابَةُ

NIVEAU 1: LEZEN & SCHRIJVEN

Titel: Van Alif tot Arabisch, Niveau 1 Lezen & Schrijven.

Samengesteld door: Redactie 'Van Alif tot Arabisch'

ISBN: 978-1-9168783-5-8

Eerste druk 2019 – Derde druk 2024

Noot:
Dit boek gaat samen met de online videocursus:
Van Alif tot Arabisch niveau 1: Lezen & Schrijven.
Scan de QR-code voor de cursusinformatie.

Voor meer informatie, vervolgcursussen,
vragen of suggesties, bezoek de website:
www.vanaliftotarabisch.nl

Of stuur een e-mail naar:
contact@vanaliftotarabisch.nl

Of app ons via WhatsApp:
+212 6 03 70 14 58 (Jasmina)

INHOUDSOPGAVE

 VOORWOORD

Alle lof is aan Allah, De Heer der Werelden.
Moge de Vrede en Zegeningen zijn met onze Profeet Mohammed, de
Arabische Profeet die gezonden is naar de gehele mensheid.

Vervolgens:
Arabisch leren is al lang eeuwenlang een prioriteit van vele moslims. Het is
namelijk de taal van de Islaam, en de taal van de Qor'aan.

Geleerden, docenten en experts hebben zich van oudsher ingezet om dit
doel te vergemakkelijken voor de beginnende studenten.

Wij hebben erg ons best gedaan om ons steentje bij te dragen voor het
Nederlandstalige publiek.
In dit boek hebben wij onze jarenlange ervaring en observaties van allerlei
verschillende lesmethodes samengevat om een beknopt, eenvoudig en leuk
leerboek te ontwerpen.

Compleet met de bijbehorende videocursus en online lesomgeving, is dit
boek een compleet pakket om Arabisch te leren voor iedereen.

Na de grote enthousiasme waarmee de eerste en tweede druk is ontvangen
alhamdulillaah, ligt hierbij de derde druk voor je met enkele verbeteringen,
aanpassingen en toevoegingen.

Wij danken Allah die dit werk voor ons mogelijk heeft gemaakt.
Ten slotte geven wij dank aan alle auteurs die ons voor zijn gegaan, waar
wij van hebben geleerd en waar dit werk grotendeels op is gebaseerd.
En natuurlijk aan iedereen die heeft geholpen aan het uitbrengen van dit
boek.

En Alle lof is aan Allah alleen.

De redactie

- Bij dit boek hoort een vrolijke, leuke online cursus die bestaat uit:

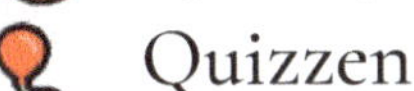 Filmpjes   Eindquiz

Oefeningen   Certificaat

Spelletjes   Privé begeleiding

Quizzen   Huiswerk nakijken

Om meer over de cursus te weten kijk bij:

www.vanaliftotarabisch.nl/niveau-1

Of scan de QR-code om direct bij de cursus te komen.

- Bekijk eerst de videoles en maak de oefeningen op de site.
  Lees daarna zelf de les in het boek en maak de oefeningen.

- Ben niet te haastig: Ga pas naar het volgende lesje als je de gemaakte lesjes goed onder de knie hebt.

- Heb je hulp nodig of wil je jouw oefeningen laten nakijken?
  Mail naar: contact@vanaliftotarabisch.nl
  (of chat direct met de docente via de cursus!)

IN DE NAAM VAN ALLAH,
DE MEEST BARMHARTIGE, DE MEEST
GENADEVOLLE

LESJE 1: LETTERS 1 — الدَّرْس 1 : الْحُرُوف

أَ بَ تَ ثَ جَ حَ خَ

OEFENING 1: LEZEN — التَّدْرِيبُ الأَوَّلُ: اَلْقِرَاءَةُ.

Luister en bekijk de videoles en oefen daarna zelf.

Baa' – ba	ب – بَ	Alif – a	أ – أَ
Thaa' – tha	ث – ثَ	Taa' – ta	ت – تَ
Haa' – ha	ح – حَ	Djiem – dja	ج – جَ
		Khaa' – kha	خ – خَ

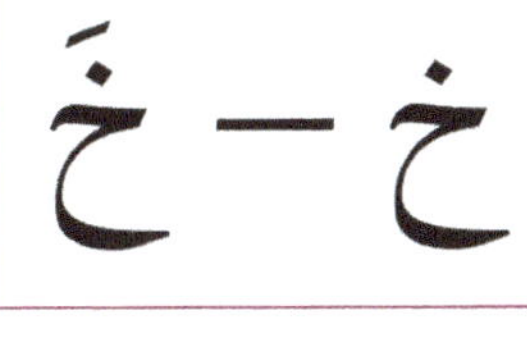

LEES DE GROEPJES MET LETTERS TOT JE HET GOED KAN.

	أَ بَ تَ ثَ		
1	أَ بَ تَ	ثَ بَ بَ	ثَ بَ أَ
2	أَ بَ ثَ	ثَ ثَ أَ	ثَ تَ أَ
3	ثَ بَ تَ	بَ تَ أَ	بَ أَتَ
4	ثَ بَ ثَ	تَ أَ بَ	بَ تَ تَ
5	أَ بَ تَ	تَ أَ بَ	أَ ثَ تَ
6	بَ أَتَ	بَ بَ أَ	ثَ تَ بَ
7	أَ بَ تَ	ثَ بَ بَ	ثَ بَ أَ

جَ حَ خَ

أَ بَ تَ	ثَ بَ بَ	جَ حَ خَ	1
جَ بَ تَ	خَ بَ أَ	ثَ تَ حَ	2
ثَ بَ تَ	حَ تَ أَ	بَ حَ تَ	3
ثَ حَ خَ	تَ أَ بَ	بَ خَ جَ	4
خَ بَ تَ	حَ جَ بَ	أَ حَ تَ	5
بَ أَ تَ	حَ بَ أَ	ثَ تَ جَ	6
تَ جَ أَ	خَ جَ تَ	تَ بَ جَ	7

OEFENING 2: ZOEK DEZELFDE LETTER

مَ	أَ	كَ	دَ	جَ	بَ	أَ	أَ
بَ	أَ	ثَ	مَ	بَ	أَ	تَ	بَ
تَ	ثَ	تَ	زَ	طَ	جَ	ثَ	تَ
ثَ	تَ	مَ	حَ	أَ	ثَ	بَ	تَ
جَ	عَ	خَ	خَ	جَ	حَ	تَ	حَ
حَ	تَ	حَ	هَ	جَ	خَ	هَ	خَ
بَ	نَ	غَ	حَ	خَ	خَ	جَ	خَ

OEFENING 3: SCHRIJVEN   التَّدْرِيبُ الثَّالِثُ: الْكِتَابَةُ

						أَ
						بَ
						تَ
						ثَ
						جَ
						حَ
						خَ

LESJE 2: LETTERS 2   الدَّرْس 2: الْحُرُوف

دَ ذَ رَ زَ سَ شَ

OEFENING 1: LEZEN   التَّدْرِيبُ الْأَوَّلُ: اَلْقِرَاءَةُ.

Dhaal - dha	ذ - ذَ	Daal - da	د - دَ
Zaay - za	ز - زَ	Raa' - ra	ر - رَ
Shien – sha	ش - شَ	Sien - sa	س - سَ

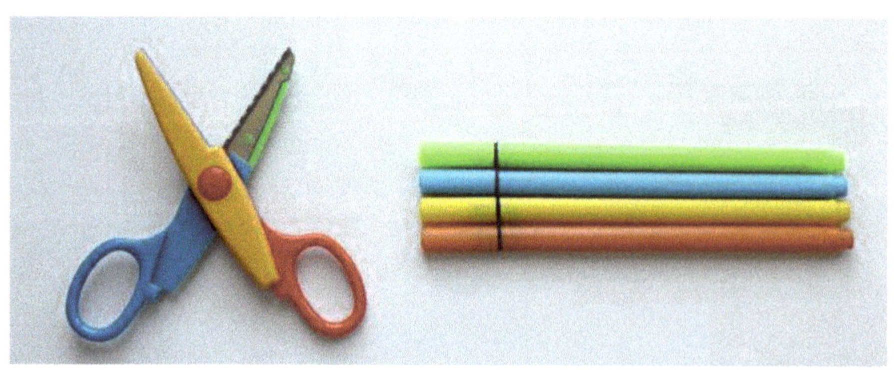

دَ ذَ رَ

بَ دَ رَ	حَ جَ رَ	بَ حَ تَ	1
خَ بَ ث	حَ بَ تَ	ذَ رَ بَ	2
تَ دَ بَ	ذَ أ ث	ثَ أ خَ	3
دَ رَ أ	جَ أ ذَ	دَ تَ جَ	4
دَ بَ ث	جَ أ ذَ	خَ أ بَ	5
أ تَ جَ	أ ث ذَ	حَ خَ ذَ	6
دَ أ ث	تَ ذَ جَ	ذَ أ ث	7

	زَ سَ شَ		
ثَ تَ ذَ	شَ تَ حَ	زَ سَ أَ	1
جَ أَ بَ	سَ أَ زَ	شَ أَ ثَ	2
بَ ذَ رَ	زَ رَ أَ	سَ رَ تَ	3
شَ زَ ذَ	دَ أَ ثَ	بَ شَ سَ	4
تَ ثَ بَ	ذَ دَ خَ	حَ بَ ذَ	5
جَ حَ سَ	ذَ رَ تَ	دَ رَ سَ	6
أَ بَ تَ ثَ جَ حَ خَ دَ ذَ رَ زَ سَ شَ			7

LETTERS IN HET BEGIN, HET MIDDEN EN HET EIND VAN HET WOORD.

بَ	بَ	بَ	بَ
تَ	تَ	تَ	تَ
ثَ	ثَ	ثَ	ثَ

بَرَدَ			ثَبَتَ		
دَ	رَ	بَ	تَ	بَ	ثَ
دَ	رَ	بَ	تَ	بَ	ثَ
أَثَرَ			بَتَرَ		
رَ	ثَ	أَ	رَ	تَ	بَ
رَ	ثَ	أَ	رَ	تَ	بَ

جَ	جَـ	جـ	جـ
حَ	حَـ	حـ	حـ
خَ	خَـ	خـ	خـ

	بَحَثَ			حَدَثَ	
ثَ	حَ	بَ	ثَ	دَ	حَ
ثَ	حَـ	بَـ	ثَ	دَ	حَـ

	أَخَذَ			جَحَدَ	
ذَ	خَ	أَ	دَ	حَ	جَ
ذَ	خَـ	أَ	دَ	حَـ	جَـ

سَ	سَـ	ـسَـ	ـسَ
شَ	شَـ	ـشَـ	ـشَ

سَبَرَ			سَبَحَ		
سَ	بَ	حَ	سَ	بَ	رَ
سَـ	ـبَـ	ـحَ	سَـ	ـبَـ	ـرَ

حَشَدَ			شَرَحَ		
شَ	رَ	حَ	حَ	شَ	دَ
شَـ	ـرَ	ـحَ	ـحَ	ـشَـ	ـدَ

سَدَسَ			خَدَشَ		
خَ	دَ	شَ	سَ	دَ	سَ
خَـ	ـدَ	ـشَ	ـسَ	ـدَ	سَ

OEFENING 2: TREK EEN LIJNTJE TUSSEN DEZELFDE WOORDJES, MET LOSSE LETTERS EN AAN ELKAAR:

بَذَرَ ●		● حَ شَ دَ
أَسَرَ ●		● بَ ذَ رَ
ذَبَحَ ●		● سَ بَ حَ
حَشَدَ ●		● ذَ بَ حَ
جَحَدَ ●		● خَ بَ أَ
سَبَحَ ●		● أَ سَ رَ
سَجَدَ ●		● جَ حَ دَ
خَبَأً ●		● سَ جَ دَ

OEFENING 3: SCHRIJVEN   التَّدْرِيبُ الثَّالِثُ: الْكِتَابَةُ

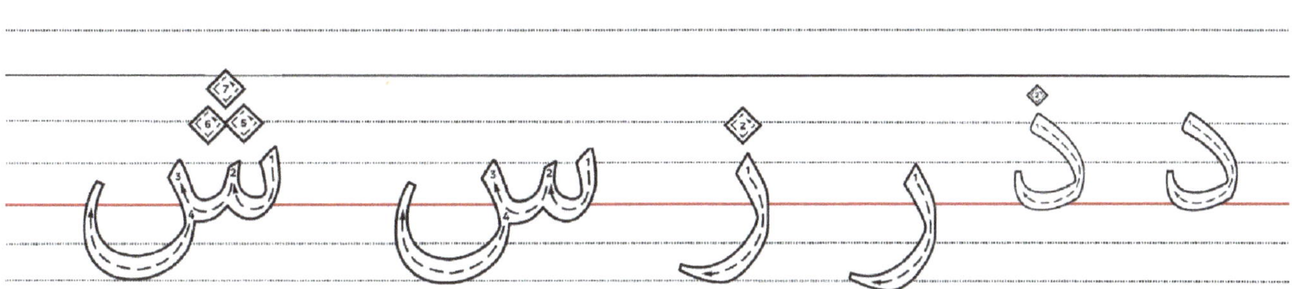

....	....	....	....	....	....	دَ
....	....	....	....	....	....	ذَ
....	....	....	....	....	....	رَ
....	....	....	....	....	....	زَ
....	....	....	....	....	....	سَ
....	....	....	....	....	....	شَ

4. LETTERS IN HET BEGIN, MIDDEN EN EIND VAN EEN WOORD

بَ تَ ثَ

....	....	....	....	....	....	بَ
....	....	....	....	....	....	بَ
....	....	....	....	....	....	بَ

جَ حَ خَ

....	....	....	....	....	....	جَ
....	....	....	....	....	....	جَ
....	....	....	....	....	....	جَ

دَ ذَ رَ زَ

....	....	....	....	....	....	دَ
....	....	....	....	....	....	ـدَ
....	....	....	....	....	....	رَ
....	....	....	....	....	....	ـرَ

سَ شَ

....	....	....	....	....	....	سَ
....	....	....	....	....	....	ـسَ
....	....	....	....	....	....	ـسَ

5. WOORDJES!

....	....	....	....	دَثَرَ
....	....	....	....	تَجَرَ
....	....	....	....	خَرَجَ
....	....	....	....	سَرَدَ
....	....	....	....	زَأَرَ
....	....	....	....	جَسَدَ
....	....	....	....	أَخَذَ
....	....	....	....	شَرَحَ
....	....	....	....	سَبَحَ
....	....	....	....	حَبَسَ

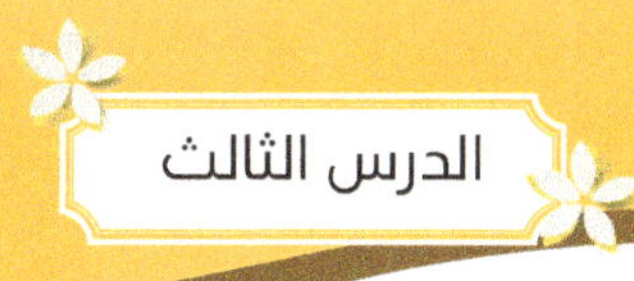

LESJE 3: DE SA EN DHA

الدَّرْس 3: الصَّادُ والضَّادُ

Dhad – Dha	ض - ضَ	Sad - Sa	ص - صَ
ذَ أَ بَ	ضَ أَ ثَ	سَ صَ ثَ	1
شَ ثَ أَ	ضَ دَ ذَ	سَ ثَ صَ	2
سَ ثَ بَ	خَ شَ تَ	تَ أَ بَ	3
دَ ذَ رَ	ضَ ذَ خَ	بَ حَ ذَ	4
زَ ذَ أَ	ضَ أَ ضَ	صَ أَ سَ	5
بَ تَ ثَ	ثَ سَ ضَ	صَ أَ بَ	6
أَ بَ تَ ثَ جَ حَ خَ دَ ذَ رَ زَ سَ شَ صَ ضَ			7

LETTERS DIE MAAR AAN ÉÉN KANT VAST KUNNEN

أ د ذ ر ز

ـأ	أَ

ـذَ	ذ	ـدَ	دَ
ـزَ	ز	ـر	ر

حَتَأً	أَسَرَ

أَ	تَ	حَ	رَ	سَ	أَ
ـأ	ـتَ	حَ	رَ	ـسَ	أَ

سَجَدَ	دَرَسَ

دَ	جَ	سَ	سَ	رَ	دَ
ـدَ	ـجَ	سَ	سَ	رَ	دَ

زَجَرَ			ذَبَحَ		
رَ	جَ	زَ	حَ	بَ	ذَ
رَ	جَ	زَ	حَ	بَ	ذَ

حَدَرَ			رَجَبَ		
رَ	دَ	حَ	بَ	جَ	رَ
رَ	دَ	حَ	بَ	جَ	رَ

جَزَرَ			حَسَرَ		
رَ	زَ	جَ	رَ	سَ	حَ
رَ	زَ	جَ	رَ	سَ	حَ

25

WOORDJES MET ALLEEN LOSSE LETTERS.

أَزَأَ	دَرَسَ	دَرَحَ	1
أَرَخَ	أَنَحَ	أَرْضَ	2
أَدَبَ	أَرَزَ	دَأَبَ	3
رَدَحَ	دَرَجَ	زَرَدَ	4
أَرَخَ	رَزَحَ	رَأَسَ	5
أَذَرَ	رَأَبَ	زَأَرَ	6

WOORDJES MET LETTERS AAN ELKAAR

شَتَرَ	شَ تَ رَ	حَسَرَ	ح سَ رَ	1
حَشَرَ	حَ شَ رَ	بَرَدَ	ب رَ دَ	2
رَسَبَ	رَ سَ بَ	خَدَرَ	خَ دَ رَ	3
أَسَرَ	أَ سَ رَ	بَحَثَ	بَ حَ ثَ	4
ذَبَحَ	ذَ بَ حَ	زَجَرَ	زَ جَ رَ	5
حَشَدَ	حَ شَ دَ	سَبَحَ	سَ بَ حَ	6
جَحَدَ	جَ حَ دَ	شَرَحَ	شَ رَ حَ	7

OEFENING 2: ZOEK DE LETTER IN DE WOORDJES

أَ	أَمَرَ	جَمَعَ	يَشَأَ	كَلَمَ	أَثَلَ	مَسَكَ
بَ	بَرَدَ	جَمَعَ	ثَبَتَ	صَبَرَ	أَحَلَ	يَنَعَ
تَ	نَتَفَ	حَلَفَ	ثَقَبَ	تَفَلَ	كَلَمَ	بَدَتَ
حَ	حَلَمَ	مَجَحَ	خَرَسَ	جَلَسَ	فَتَحَ	جَمَحَ
جَ	كَتَبَ	مَسَكَ	جَمَعَ	مَجَدَ	خَطَبَ	سَأَلَ
ثَ	قَتَرَ	مَشَطَ	ثَلَبَ	سَلَسَ	شَيَعَ	رَثَمَ
ذَ	ذَرَفَ	حَمَرَ	ذَهَبَ	سَأَلَ	غَزَلَ	جَذَبَ
رَ	رَسَمَ	سَمَرَ	دَفَعَ	يَنَعَ	دَرَسَ	هَرَمَ
سَ	سَأَلَ	شَغَلَ	مَسَكَ	حَصَدَ	جَدَثَ	سَدَسَ
شَ	أَسَنَ	حَمَلَ	شَغَلَ	غَلَسَ	شَذَبَ	كَسَدَ

OEFENING 3: TREK EEN LIJNTJE TUSSEN DEZELFDE WOORDJES, MET LOSSE LETTERS EN AAN ELKAAR:

• ذَرَبَ		• ج َ د َ ث
• سَحَبَ		• ذ َ ر َ بَ
• جَدَثَ		• ر َ ص َ دَ
• شَحَبَ		• ج َ س َ دَ
• رَصَدَ		• ش َ ح َ بَ
• خَبَأَ		• خ َ بَ أَ
• جَسَدَ		• ص َ بَ رَ
• صَبَرَ		• س َ ح َ بَ

 VAN ALIF TOT ARABISCH

 من الألف العربية

OEFENING 4: SCHRIJVEN   التَّدْرِيبُ الرَّابِعُ: الْكِتَابَةُ

....	....	....	....	صَرَدَ
....	....	....	....	شَرَحَ
....	....	....	....	حَبَسَ
....	....	....	....	ضَرَبَ
....	....	....	....	خَرَسَ
....	....	....	....	حَسَرَ
....	....	....	....	ثَبَتَ
....	....	....	....	رَضَخَ
....	....	....	....	سَبَرَ
....	....	....	....	سَرَدَ

LETTERS IN HET BEGIN, MIDDEN EN EIND VAN EEN WOORD

....	....	....	....	....	....	صَـ
....	....	....	....	....	....	ـصَـ
....	....	....	....	....	....	ـصَ

....	....	....	....	صَبَرَ
....	....	....	....	حَصَدَ
....	....	....	....	حَرَضَ

LESJE 4: LETTERS 3 — الدَّرْسُ 4؛ الْحُرُوف

طَ ظَ عَ غَ فَ قَ

OEFENING 1: LEZEN — التَّدْرِيبُ الْأَوَّلُ: اَلْقِرَاءَةُ.

Zha' – zha	ظَ – ظ – ظَ	Ta' – ta	طَ – طَ
Ghayn – gha	غَ – غ – غَ	'Ayn – 'a	عَ – عَ
Qaaf – qa	قَ – ق – قَ	Faa' – fa	فَ – فَ

طَ ظَ

1	بَ ثَ سَ	ذَ ظَ بَ	أَ طَ بَ
2	تَ طَ ثَ	ظَ ضَ أَ	بَ حَ جَ
3	سَ شَ طَ	ظَ أَ طَ	ذَ أَ ظَ
4	ذَ أَ طَ	جَ ظَ رَ	زَ أَ ذَ
5	بَ أَ ثَ	طَ أَ بَ	خَ بَ ذَ
6	ذَ ثَ طَ	ظَ زَ ذَ	بَ سَ شَ
7	ضَ صَ أَ	شَ ذَ ظَ	رَ سَ ضَ

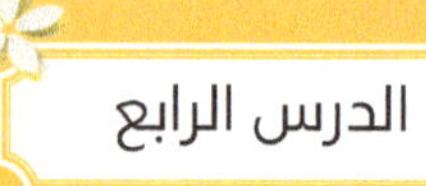

عَ غَ

سَ ذَ جَ	صَ ظَ بَ	عَ ثَ ضَ	1
ضَ ظَ غَ	عَ غَ صَ	دَ ظَ غَ	2
بَ غَ سَ	ذَ أَ طَ	خَ غَ ظَ	3
ذَ أَ دَ	غَ أَ بَ	شَ عَ رَ	4
شَ غَ رَ	أَ عَ ثَ	دَ ضَ طَ	5
ثَ جَ زَ	خَ جَ دَ	ظَ زَ تَ	6
حَ زَ غَ	عَ أَ بَ	طَ شَ غَ	7

			فَ قَ
1	قَ ثَ بَ	قَ فَ ثَ	أَ ضَ زَ
2	فَ قَ زَ	بَ سَ أَ	ذَ أَ ظَ
3	شَ حَ غَ	فَ عَ قَ	سَ أَ قَ
4	ضَ غَ فَ	غَ قَ تَ	ذَ عَ بَ
5	قَ فَ أَ	بَ فَ قَ	قَ غَ عَ
6	ظَ أَ بَ	حَ جَ قَ	فَ سَ ظَ
7	أَ بَ تَ ثَ جَ حَ خَ ذَ رَ زَ سَ شَ صَ ضَ طَ ظَ عَ غَ فَ قَ		

DE LETTERS IN HET BEGIN, MIDDEN EN EIND VAN EEN WOORDJE

صَ بَ رَ	حَ صَ رَ	بَ خَ صَ	1. صَ
صَبَرَ	حَصَرَ	بَخَصَ	

ضَ رَ بَ	حَ ضَ رَ	حَ رَ ضَ	2. ضَ
ضَرَبَ	حَضَرَ	حَرَضَ	

طَ رَ حَ	عَ طَ بَ	رَ بَ طَ	3. طَ
طَرَحَ	عَطَبَ	رَبَطَ	

ظَ فَ رَ	حَ ظَ رَ	بَ حَ ظَ	ظَ
ظَفَرَ	حَظَرَ	بَحَظَ	

طَ بَ عَ	بَ عَ ضَ	عَ بَ دَ	عَ
طَبَعَ	بَعَضَ	عَبَدَ	

بَ دَ غَ	شَ غَ ف	غَ سَ قَ	غَ
بَدَغَ	شَغَفَ	غَسَقَ	

غَ رَ فَ	دَ فَ عَ	فَ تَ حَ	فَ
غَرَفَ	دَفَعَ	فَتَحَ	

بَ رَ قَ	فَ قَ سَ	قَ بَ ضَ	قَ
بَرَقَ	فَقَسَ	قَبَضَ	

OEFENING 2: VIND DE LETTERS IN DE WOORDJES

قَنَصَ	أَرْضَ	كَلَمَ	مَصَعَ	جَمَعَ	صَبَرَ	صَ
يَنَعَ	أَحَلَ	خَرَسَ	ثَبَتَ	رَكَضَ	بَرَدَ	ضَ
نَبَطَ	كَلَمَ	بَطَرَ	طَفَرَ	حَلَفَ	نَتَفَ	طَ
جَمَحَ	حَفَظَ	جَلَسَ	ظَعَنَ	طَحَنَ	ظَلَمَ	ظَ
سَأَلَ	خَطَبَ	مَجَدَ	جَمَعَ	مَسَكَ	سَعَلَ	عَ
مَجَحَ	مَغْصَ	غَرَقَ	أَسَرَ	خَبَزَ	يَشَأَ	غَ
فَدَعَ	تَفَلَ	ذَلَقَ	نَفَسَ	ذَرَفَ	نَغَبَ	فَ
قَتَلَ	حَقَرَ	دَهَشَ	فَتَحَ	ثَقَبَ	مَلَقَ	قَ

OEFENING 3: BREEK DE WOORDJES OP IN LOSSE LETTERS

جَذَعَ	دَفَعَ	حَسَرَ
……………	……………	ح سَ رَ
شَطَبَ	ذَرَفَ	عَطَبَ
……………	……………	……………
ثَبَتَ	غَسَقَ	ظَفَرَ
……………	……………	……………
عَبَسَ	حَضَرَ	خَبَزَ
……………	……………	……………

 VAN ALIF TOT ARABISCH    مِنَ الْأَلِفِ الْعَرَبِيَّة

OEFENING 4: SCHRIJVEN — التَّدْرِيبُ الرَّابِعُ: الْكِتَابَةُ

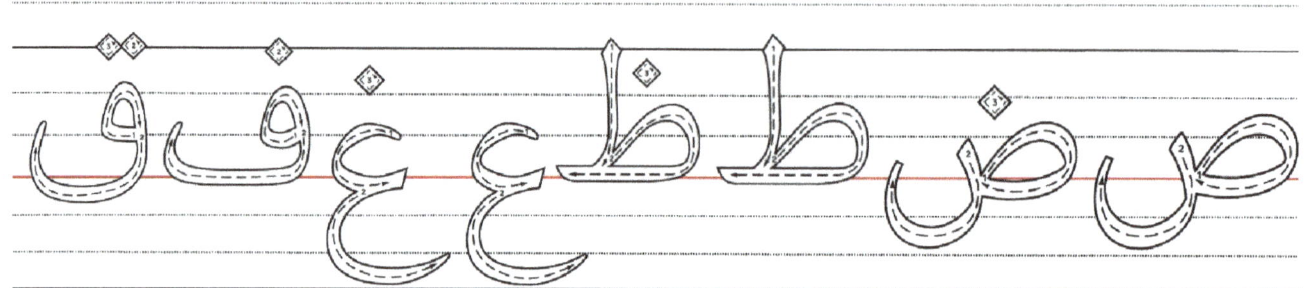

						صَ
						ضَ
						طَ
						ظَ
						عَ
						غَ
						فَ
						قَ

LETTERS IN HET BEGIN, MIDDEN EN EIND VAN EEN WOORD

طَ ظَ

....	....	....	....	....	....	طَ
....	....	....	....	....	....	طَ
....	....	....	....	....	....	طَ

....	....	....	....	طَرَبَ
....	....	....	....	بَطَرَ
....	....	....	....	قَحَطَ
....	....	....	....	حَظَرَ

عَ غَ

						عَـ
....	....	....	....	....	....	ـعَـ
....	....	....	....	....	....	ـعَ

				عَبَدَ
....	....	....	....	نَعَمَ
....	....	....	....	دَفَعَ
....	....	....	....	بَرَعَ

فَ قَ

....	....	....	....	....	....	فَ
....	....	....	....	....	....	ـفَ
....	....	....	....	....	....	ـفَ
....	....	....	....	....	....	قَ

....	....	....	....	فَرَضَ
....	....	....	....	سَفَرَ
....	....	....	....	بَسَقَ
....	....	....	....	صَحَفَ

Het eindboogje van de ق is iets boller dan dat van de ف

LESJE 5: LETTERS 4 — الدَّرْس 5 : الْحُرُوف

كَ لَ مَ نَ هَ وَ يَ

OEFENING 1: LEZEN — التَّدْرِيبُ الْأَوَّلُ: اَلْقِرَاءَةُ.

Laam - la	لَ - ل	Kaaf – ka	كَ - ك
Noen – na	نَ - ن	Miem – ma	مَ - م
Waaw – wa	وَ - و	Haa' – ha	هَ - ه
		Yaa' - ya	يَ - ي

لَ كَ			
ضَ سَ لَ	قَ بَ ثَ	ضَ لَ طَ	1
ذَ طَ كَ	ظَ عَ لَ	كَ فَ زَ	2
قَ كَ لَ	ظَ جَ دَ	خَ عَ فَ	3
بَ قَ رَ	لَ رَ شَ	سَ ظَ زَ	4
قَ فَ ظَ	زَ طَ بَ	غَ بَ طَ	5
قَ حَ جَ	دَ ذَ طَ	ظَ غَ كَ	6
قَ فَ كَ	لَ بَ ثَ	صَ شَ لَ	7

مَ نَ

1	بَ نَ قَ	ثَ مَ نَ	حَ كَ طَ
2	ثَ ضَ شَ	لَ كَ مَ نَ	قَ فَ جَ
3	بَ دَ ذَ	أ مَ بَ	مَ لَ ثَ
4	صَ ضَ حَ	جَ طَ خَ	ظَ كَ مَ
5	مَ نَ زَ	رَ سَ كَ	بَ لَ غَ
6	عَ شَ سَ	بَ غَ نَ	عَ نَ مَ
7	مَ بَ ثَ	صَ شَ زَ	ظَ رَ حَ

هـَ وَ يَ

يَ سَ مَ	ذَ هَ بَ	زَ لَ جَ	1
هَ عَ هَ	سَ شَ وَ	وَ رَ يَ	2
وَ قَ ضَ	ذَ يَ زَ	حَ نَ هَ	3
زَ ظَ خَ	فَ زَ يَ	صَ ثَ قَ	4
بَ يَ مَ	بَ يَ زَ	ثَ يَ وَ	5
حَ هَ وَ	بَ ذَ دَ	يَ هَ وَ	6
أَ بَ تَ ثَ جَ حَ خَ دَ ذَ رَ زَ سَ شَ صَ ضَ طَ ظَ عَ غَ فَ قَ كَ لَ مَ نَ هـَ وَ يَ			7

DE LETTERS IN HET BEGIN, MIDDEN EN EIND VAN EEN WOORDJE

مَ سَ كَ	سَ كَ تَ	بَ تَ كَ	١. كَ
مَسَكَ	سَكَتَ	كَتَبَ	

سَ أَ لَ	بَ لَ حَ	غَ دَ لَ	٢. لَ
سَأَلَ	حَلَبَ	لَدَغَ	

رَ سَ مَ	رَ مَ صَ	جَ عَ مَ	٣. مَ
رَسَمَ	صَمَرَ	مَعَجَ	

دَ فَ نَ	عَ نَ مَ	حَ صَ نَ	٤. نَ
دَفَنَ	مَنَعَ	نَصَحَ	

5. هَ

أَل هَ	نَ هَ جَ	هَ بَ طَ
أَلَهَ	نَهَجَ	هَبَطَ

6. وَ

عَ وَ رَ	وَ جَ دَ
عَوَرَ	وَجَدَ

7. يَ

يَ عَ رَ
يَعَرَ

OEFENING 2: MAAK EEN HEEL WOORDJE VAN DE LETTERS

رَ فَ عَ	قَ نَ طَ	عَ بَ دَ
....	....	عَبَدَ
دَ فَ نَ	جَ هَ دَ	حَ لَ مَ
....	....	....
حَ ضَ رَ	حَ رَ مَ	نَ سَ كَ
....	....	....
شَ فَ عَ	دَ مَ عَ	أَ مَ رَ
....	....	....

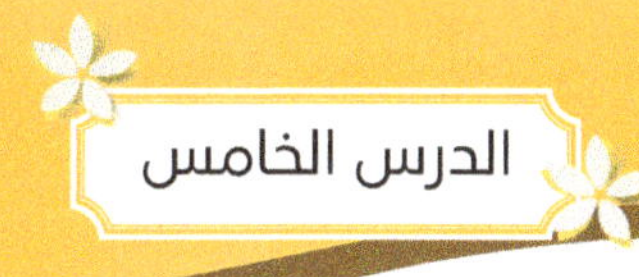

OEFENING 3: ZOEK DE LETTERS IN HET WOORDJE

غَ	غَزَلَ	غَرَسَ	شَيَعَ	مَغْصَ	ثَقَبَ	يَنَعَ
فَ	فَرَجَ	شَغَلَ	كَفَحَ	حَلَفَ	شَفَعَ	فَتَحَ
قَ	حَمَرَ	قَفَلَ	دَرَقَ	قَتَرَ	دَرَسَ	سَبَقَ
كَ	كَعَبَ	مَكَثَ	سَأَلَ	كَرَبَ	دَرَكَ	هَرَقَ
لَ	لَعَنَ	ثَلَبَ	بَتَلَ	حَصَدَ	خَلَسَ	سَلَسَ
مَ	نَمَرَ	مَشَطَ	رَسَمَ	سَمَلَ	تَمَرَ	رَثَمَ
نَ	ذَرَفَ	نَظَرَ	ذَهَبَ	دَرَنَ	مَنَعَ	جَذَبَ
هَ	وَهَبَ	بَدَهَ	دَفَعَ	وَلَهَ	نَهَبَ	هَرَمَ
وَ	سَأَلَ	وَجَدَ	عَوَرَ	وَسَمَ	جَدَثَ	سَدَسَ
ي	يَنَعَ	سَمَرَ	مَسَكَ	يَعَرَ	يَمَنَ	يَسَرَ

OEFENING 4: SCHRIJVEN — التَّدْرِيبُ الرَّابِعُ: الْكِتَابَةُ

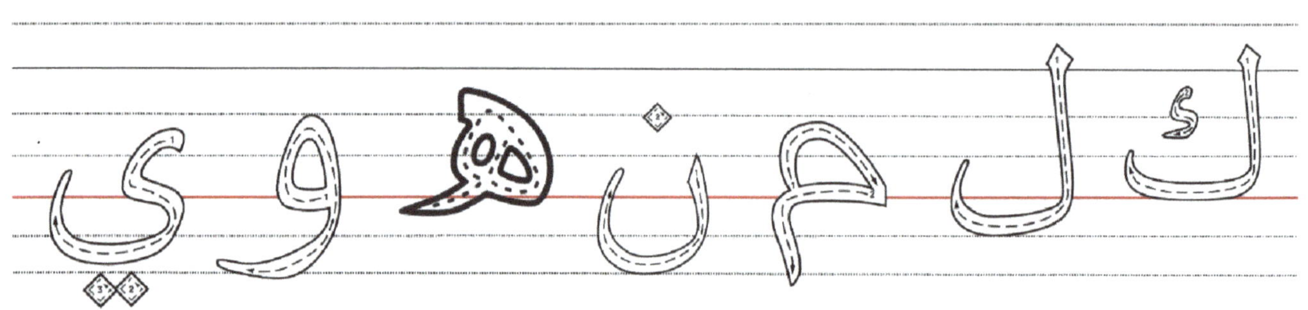

						كَ
						لَ
						مَ
						نَ
						هَ
						وَ
						يَ

LETTERS IN HET BEGIN, MIDDEN EN EIND VAN EEN WOORD

لَكَ

....	....	....	....	....	....	كَ
....	....	....	....	....	....	كَـ
....	....	....	....	....		ـكَ

....	....	....	....	كَتَبَ
....	....	....	....	بَكَرَ
....	....	....	....	دَرَكَ
....	....	....	....	دَلَكَ

لَ

						لَ
....	....	....	....	....	....	

						لَـ
....	....	....	....	....	....	

						ـلَ
....	....	....	....	....	....	

				لَمَعَ
....	....	....	....	

				مَلَكَ
....	....	....	....	

				نَمَلَ
....	....	....	....	

				سَأَلَ
....	....	....	....	

مَ

						مَ
....	....	....	....	....	....	
....	....	....	....	....	....	مَمَ
....	....	....	....	....	....	مَ

				مَنَحَ
....	....	....	....	
....	....	....	....	نَمَرَ
....	....	....	....	أَزَمَ
....	....	....	....	قَلَمَ

نَ

						نَ
....	....	....	....	....	....	

						نَـ
....	....	....	....	....	....	

					ـنَ
....	....	....	....	....	

				نَبَتَ
....	....	....	....	

				مَنَعَ
....	....	....	....	

				دَرَنَ
....	....	....	....	

				قَطَنَ
....	....	....	....	

In het begin en midden is deze letter hetzelfde als de ب
Op het eind van het woord echter, gaat hij onder de lijn.

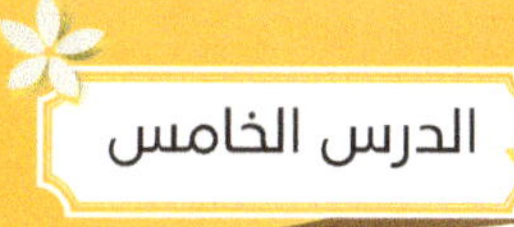

هَـ

....	....	....	....	....	....	هَـ
....	....	....	....	....	....	ـهَـ
....	....	....	....	....	....	ـهَ
....	....	....	....	....	....	ةَ

....	....	....	....	هَرَبَ
....	....	....	....	نَهَضَ
....	....	....	....	بَدَهَ
....	....	....	....	وَلَهَ

وَ

						وَ
....	....	....	....	....	....	

						وَ
....	....	....	....	....	....	

				وَجَدَ
....	....	....	....	
....	....	....	....	عَوَرَ
....	....	....	....	قَضُوَ
....	....	....	....	وَفَدَ

يَ

....	....	....	....	....	....	يَ
....	....	....	....	....	....	يَـ
....	....	....	....	....	....	ـيَ

....	....	....	يَسَرَ
....	....	....	نِيلَ
....	....	....	رَضِيَ
....	....	....	فُدِيَ

LESJE 6: VERGELIJKBARE LETTERS
OEFENING 1: LEZEN

الدَّرس 6: حُرُوفٌ مُتَشَابِهَة

التَّدْرِيبُ الأَوَّلُ: اَلْقِرَاءَةُ.

2			1	
ضَ	دَ		طَ	تَ
ضَرَبَ	دَرَبَ		عَطَبَ	عَتَبَ
نَضَرَ	نَدَرَ		حَطَمَ	حَتَمَ
حَرَضَ	حَرَدَ		نَبَطَ	نَبَتَ

4			3	
صَ	سَ		عَ	حَ
صَبَرَ	سَبَرَ		عَلَبَ	حَلَبَ
حَصَدَ	حَسَدَ		رَضَعَ	رَضَحَ
رَمَصَ	رَمَسَ		جَمَعَ	جَمَحَ

5

قَ	لَكَ
قَتَمَ	كَتَمَ
حَقَرَ	حَكَرَ
عَتَقَ	عَتَكَ

6

ذَ	ظَ
ذَفَرَ	ظَفَرَ
حَذَرَ	حَظَرَ
نَذَرَ	نَظَرَ

7

ضَ	طَ
نَضَحَ	نَطَحَ

8

شَ	جَ
شَذَبَ	جَذَبَ

9

ثَ	سَ
عَبَثَ	عَبَسَ

10

زَ	ظَ
زَفَرَ	ظَفَرَ

11

سَ	زَ
جَسَرَ	جَزَرَ

12

صَ	زَ
صَمَرَ	زَمَرَ

NU LANGERE WOORDJES!

ف خَ نَ سَ	وَ ظَ عَ نَ	ف لَ كَ تَ بَ	1
فَخَنَسَ	وَظَعَن	فَكَّتَب	2
لَ رَ هَ فَ	سَ بَ قَ كَ	جَ ذَ عَ كَ	3
لَرَهَفَ	سَبَقَكَ	جَذَعَكَ	4
وَ نَ فَ ثَ	فَ جَ مَ عَ	سَ أَلَ كَ	5
وَنَفَثَ	فَجَمَعَ	سَأَلَكَ	6

OEFENING 2: SCHRIJF DE LETTERS IN DE GOEDE VOLGORDE:

سَ	خَ	مَ	هَ	لكَ	فَ
قَ	ظَ	زَ	دَ	غَ	جَ
ضَ	يَ	لَ	تَ	رَ	حَ
طَ	عَ	صَ	نَ	بَ	أَ
	شَ	ذَ	وَ	ثَ	

				بَ	أَ

OEFENING 3: TREK EEN LIJNTJE TUSSEN DEZELFDE WOORDJES, MET LOSSE LETTERS EN AAN ELKAAR:

قَفَلَ •		• سَ حَ لَ
سَحَلَ •		• يَ سَ عَ
دَقَنَ •		• مَ لَ كَ
نَظَرَ •		• قَ فَ لَ
عَلَقَ •		• دَ قَ نَ
يَسَعَ •		• طَ بَ خَ
طَبَخَ •		• نَ ظَ رَ
بَغَضَ •		• عَ لَ قَ
مَلَكَ •		• بَ غَ ضَ

OEFENING 4: SCHRIJVEN   التَّدْرِيبُ الرَّابِعُ: الْكِتَابَةُ

....	....	....	....	كَلَمَ
....	....	....	....	لَسَعَ
....	....	....	....	كَمَنَ
....	....	....	....	نَكَثَ
....	....	....	....	صَهَلَ
....	....	....	....	وَضَعَ
....	....	....	....	صَفَقَ

LESJE 7: KASRA EN DAMMA

OEFENING 1: LEZEN

Kasra

الدَّرْس 7 : الْكَسْرَةُ وَالضَّمَّةُ

التَّدْرِيبُ الْأَوَّلُ: اَلْقِرَاءَةُ.

الْكَسْرَةُ

جِ	ثِ	تِ	بِ	إِ
رِ	ذِ	دِ	خِ	حِ
ضِ	صِ	شِ	سِ	زِ
فِ	غِ	عِ	ظِ	طِ
نِ	مِ	لِ	كِ	قِ
	يِ	وِ	هِ	

1	إِنِ	بِكَ	هَلِ	مِنَ
2	سَلِ	يَلِ	نُرِ	تَفِ

3	حَفِظَ	نَسِيَ	نِعِمَ	يَشَأِ
4	لَعِبَ	وَسِعَ	نَمِلَ	رَحِمَ
5	غَنَمِ	سَلِمَ	قِبَلَ	أَمِنَ

Damma   الضَّمَّةُ

جُ	ثُ	تُ	بُ	أُ
رُ	ذُ	دُ	خُ	حُ
ضُ	صُ	شُ	سُ	زُ
فُ	غُ	عُ	ظُ	طُ
نُ	مُ	لُ	كُ	قُ
	يُ	وُ	هُ	

1	مَنْ	هَلْ	يَكُ	فَكُ

2	لُعَبِ	بُنِيَ	مَكُثَ	سُبُلُ
3	كُتُبِ	مُنِعَ	دُفِعَ	ضَعُفَ

NOG MEER WOORDJES

4	شَهِدَ	تَرَكَ	ذَرِفَ	دُفِنَ
5	صَفَحَ	عِنَبَ	يَسَعِ	لَهُوَ

6	سَأَلَهُ	يَرِدُهُ	عُنُقِكَ	أَتَذَرُ
7	كُتِبَتِ	صَحِبَتِ	فَيُطِعِ	أَلِفَكَ
8	وَفُتِحَتِ	فَجَعَلَهُ	نَصَرَكُمُ	وَثُلُثِهِ

OEFENING 2: BREEK DE WOORDJES OP IN LETTERS:

عُقِرَ	فَخِرَ	نُفِلَ
....	....	نُ فِ لَ
نَفِدَ	تَعِبَ	فُقِدَ
....	....	....
ضَرَرُ	لُجَجُ	رَغِدَ
....	....	....
مَسَحَ	قَنِطَ	مَلَكِ
....	....	....

OEFENING 3: SCHRIJVEN   التَّدْرِيبُ الثَّالِثُ: الْكِتَابَةُ

....	....	....	....	ثُبِتَ
....	....	....	....	دُعِيَ
....	....	....	....	سُلِمَ
....	....	....	....	صُحُفِ
....	....	....	....	يَسَعِ
....	....	....	....	جَهِدَ
....	....	....	....	جَدَعَ
....	....	....	....	أَلِفَ
....	....	....	....	نُعِيَ
....	....	....	....	سَخِرَ

LESJE 8: DE MEDD

OEFENING 1: LEZEN

الدَّرْس 8 : الْمَدُّ

التَّدْرِيبُ الأَوَّلُ: اَلْقِرَاءَةُ.

Medd bil alif

الْمَدُّ بِالأَلِفِ

جَا	ثَا	تَا	بَا	آ
رَا	ذَا	دَا	خَا	حَا
ضَا	صَا	شَا	سَا	زَا
فَا	غَا	عَا	ظَا	طَا
نَا	مَا	لَا	كَا	قَا
	يَا	هَا	وَا	

WOORDJES MET DE MEDD BIL ALIF:

ثَارَ	تَابَ	بَاتَ	آبَ	1
خَاصَمَ	جَاوَرَ	غَاصَ	طَابَ	2
نَاصَحَ	شَاهَدَ	عَاتَبَ	دَارَكَ	3
غُلاَمُ	نَوَارُ	عَقَارِ	سَلاَم	4
دَوَارِ	دِفَاعُ	شُجَاعُ	أَمَانَ	5
فَاضِلَ	عَامِرِ	سَالِمُ	جَوَازُ	6

Medd bil yaa' الْمَدُّ بِالْيَاءِ

جِي	ثِي	تِي	بِي	إِي
رِي	ذِي	دِي	خِي	حِي
ضِي	صِي	شِي	سِي	زِي
فِي	غِي	عِي	ظِي	طِي
نِي	مِي	لِي	كِي	قِي
	يِي	وِي	هِي	

مِيرَ	صِيتَ	طِينُ	إينَ	1
تِيبَ	لِينَ	سِيقَ	حِيلَ	2
عِيصَ	فِيضَ	جِيزَ	بِيدَ	3
سَلِيمُ	يُصِيبُ	وَزِيرُ	يُفِيضُ	4
حَكِيمِ	مَرِيضَ	يَمِيلُ	أَمِيرُ	5
فَرِيدَ	جَمِيلَ	نَسِيرَ	سَمِيرُ	6

Medd bil waaw   المَدُّ بِالْوَاو

جُو	ثُو	تُو	بُو	أُو
رُو	ذُو	دُو	خُو	حُو
ضُو	صُو	شُو	سُو	زُو
فُو	غُو	عُو	ظُو	طُو
نُو	مُو	لُو	كُو	قُو
	يُو	وُو	هُو	

Lesje 8

خُوصِمَ	دُورِكَ	جُنُودُ	غَفُورُ	1
دُوفِعَ	نُودِيَ	نَعُولُ	يَسُودُ	2
نُورُ	وُورِيَ	أَخُوكِ	تَقُولَ	3

OEFENING 2: PLAATS EEN CORRECTE MADD LETTER OP DE STIPPELTJES. (KIJK NAAR DE KLANK ERVOOR!)

مَنُ....ط	يُجِ.....رَ	يُهَـاجِرُ
كَبِ.....رُ	صَ....مَ	سَ....فَرَ
يُ.....سُفَ	ذَ....كَرَ	نَرُ...حُ
حَ....رَبَ	يُ....نُسُ	سِ.......قَ

OEFENING 3: TREK EEN LIJNTJE TUSSEN DEZELFDE WOORDJES, MET LOSSE LETTERS EN AAN ELKAAR:

سَاهَمَ •		• نُ و ظِ رَ
يَافِعُ •		• دُ و فِ عَ
نُوظِرَ •		• يَ ا فِ عُ
يَرُوحُ •		• بَ ا رَ كَ
دُوفِعَ •		• يَ رُ و حُ
جَاوِزِ •		• سَ لَ ا مَ
مَنَاطُ •		• سَ ا هَ مَ
سَلَامَ •		• مَ نَ ا طُ
بَارَكَ •		• جَ ا وِ زِ

OEFENING 4: SCHRIJVEN — التَّدْرِيبُ الرَّابِعُ: الْكِتَابَةُ

....	....	....	رُحِمَ
....	....	....	سَوِدَ
....	....	....	هَزَمَ
....	....	....	جَهِلَ
....	....	....	عَلِمَ
....	....	....	ضَرَبَ
....	....	....	كُتِبَ
....	....	....	نَفَلُ
....	....	....	مَرِضِ
....	....	....	زَهَرَ

LESJE 9: SOEKOEN EN SHEDDA   الدَّرْس 9؛ السُّكُونُ وَالشَّدَّة

OEFENING 1: LEZEN   التَّدْرِيبُ الأَوَّلُ: اَلْقِرَاءَةُ.

السُّكُونُ

De soekoen

جْ	ثْ	تْ	بْ	أْ
رْ	ذْ	دْ	خْ	حْ
ضْ	صْ	شْ	سْ	زْ
فْ	غْ	عْ	ظْ	طْ
نْ	مْ	لْ	كْ	قْ
	يْ	وْ	هْ	

مِنْ	سِرْ	كُلْ	هَلْ	1
لَمْ	خُذْ	مُرْ	كُنْ	2
يَلْعَبِ	أَظْفَرُ	تَرْبِطَ	يَسْجُدُ	3
زَلْزَلَ	نَقْفِزَ	أَعْتَقُ	يَعْمَلُ	4
أَكْفِي	أَبْوَابُ	يَنْمُو	تَرْمِي	5
ظَعْنِ	ذَنْبَ	سَلْتِ	سَيْفُ	6
صَوْمُ	بَدْوِ	ثُقْبَ	دَيْنُ	7
قَمْطَرَ	يَدْرُسُ	مَكْتَبُ	دَنْدَنَ	8
هِنْدُ	سَهْلِ	زُهْدُ	تِبْنُ	9
سَوْفَ	أَمْسِ	دَرْكَ	بَيْتُ	10

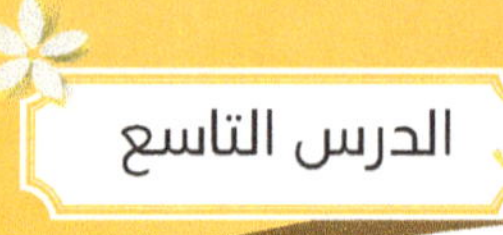

De shedda — الشَّدَّةُ

جَّ	ثَّ	تَّ	بَّ	أَّ
رَّ	ذَّ	دَّ	خَّ	حَّ
ضَّ	صَّ	شَّ	سَّ	زَّ
فَّ	غَّ	عَّ	ظَّ	طَّ
نَّ	مَّ	لَّ	كَّ	قَّ
	يَّ	وَّ	هَّ	

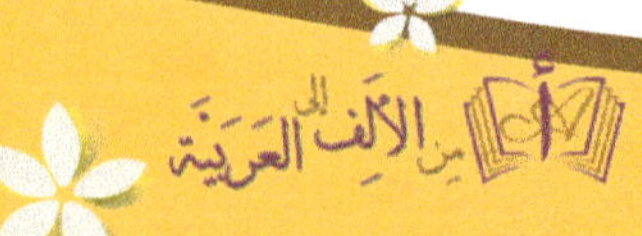

				سَلَّم
مَ	لَ	ل	سَ	
مَ		لَّ	سَ	

				دَرَّب
بَ	رَ	رْ	دَ	
بَ		رَّ	دَ	

جَهَّز	سَلَّطَ	قَطَّب	نَبَّه	1
أَمِّر	أُرْخَ	مَسِّكِ	دَفِّق	2
رَتَّب	عَنَّتَ	عُلِّم	بُيِّنَ	3

نُشِمَّ	نَبُثُّ	يَمَلُّ	تَسُرُّ	4
يَأَضَّ	يَشَجَّ	هَلُمَّ	تَمُرَّ	5

OEFENING 2: MAAK EEN WOORDJE VAN DE LETTERS:

جَ هُـ هَـ زَ	وَ ادَعَ	سَ الكِ نَ
....	....	سَاكِنَ
عَ الِم	نُ ودِ يَ	سَ بْ بَ حَ
....	....	....
تَ سِ ي رُ	سَ جَ نَ هُ	زَاهِدُ
....	....	....
مَ الِ كَ	مَ سْ جِ دُ	نَ وَ ارُ
....	....	....

OEFENING 3: SCHRIJVEN — التَّدْرِيبُ الثَّالِثُ: الْكِتَابَةُ

....	....	....	عَلَّمَ
....	....	....	دُوّنَ
....	....	....	حَمَّلَ
....	....	....	سَوَّدَ
....	....	....	مَسَّكَ
....	....	....	لُفِّتَ
....	....	....	نَوَّهَ
....	....	....	خُلِّدَ
....	....	....	سَوَّرَ
....	....	....	هُتِّكَ

LESJE 10: DE TANWIEN   الدَّرْسُ 10: التَّنْوِينُ

تًا تٍ تٌ	بًا بٍ بٌ	أًا إٍ أٌ
حًا حٍ حٌ	جًا جٍ جٌ	ثًا ثٍ ثٌ
ذًا ذٍ ذٌ	دًا دٍ دٌ	خًا خٍ خٌ
سًا سٍ سٌ	زًا زٍ زٌ	رًا رٍ رٌ
ضًا ضٍ ضٌ	صًا صٍ صٌ	شًا شٍ شٌ
عًا عٍ عٌ	ظًا ظٍ ظٌ	طًا طٍ طٌ
قًا قٍ قٌ	فًا فٍ فٌ	غًا غٍ غٌ
مًا مٍ مٌ	لًا لٍ لٌ	كًا كٍ كٌ
وًا وٍ وٌ	هًا هٍ هٌ	نًا نٍ نٌ
	يًا يٍ يٌ	

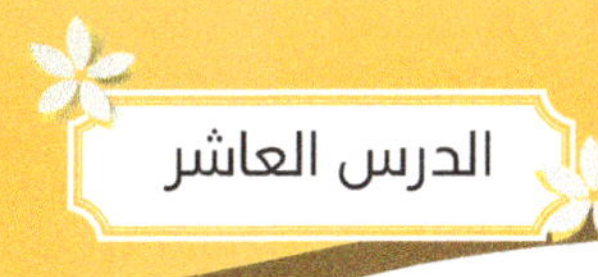

OEFENING 1: LEZEN

التَّدْرِيبُ الأَوَّلُ: اَلْقِرَاءَةُ.

1	أُمَمًا	رَجُلاً	يَدًا	ذَهَبًا
2	بَقَرًا	حَرْفًا	إِرَبًا	شَيْبًا
3	كَأْسٌ	عِنَبٌ	ظُفُرٌ	هَرَمٌ
4	حَبْلٌ	غَدَقٌ	لَوْنٌ	كُتُبٌ
5	شَهْرٍ	نَمِرٍ	بَرَدٍ	لَبَنٍ
6	قَيْنٍ	زَوْجٍ	غَلَبٍ	صَلْتٍ

DE TAA MARBOETA: DE DICHTE TAA.   التاءُ المَرْبُوطَةُ

ة   ـة

جَوْزَةٌ	سَمَكَةٌ	بَلْدَةٌ	ذُرَةٌ	1
قِطَّةً	جَبَلَةً	هِبَةً	وَرْدَةً	2
لَبِنَةٍ	صَدَفَةٍ	جَنَّةٍ	مَوْزَةٍ	3

OEFENING 2: SCHRIJF DE TAA MARBOETA: LOS OF AAN HET WOORDJE?

شَجَرَ....	رَحْمَ....	دَفَّ....	سَبْعَةٌ
ثُلَّ....	طَمْسَ....	نُزْهَ....	زَهْرَ....
حَمِنَ....	نَوْمَ....	يُمْنَ....	قُبَّ....
جِلْسَ....	بَرَكَ....	حَفْصَ....	طَلْحَ....

الألف واللام

DE ALIF LAAM IN HET BEGIN VAN EEN WOORD.

1	اَلْقَلَمُ	اَلْوَرْدَةُ	اَلْبِنْتِ	اَلْكُرَةَ
2	اَلْمَسْجِدُ	اَلْعُودَ	اَلْغُلَامَ	اَلْبَيْتِ

3	اَلسِّنْدَ	اَلطِّفْلُ	اَلرَّجُلِ	اَلسَّكَنُ
4	اَلزَّيْتُ	اَلضِّرْسِ	اَلصَّدَقَةُ	اَلزَّوْجَةَ

OEFENING 3: SCHRIJVEN   التَّدْرِيبُ الثَّالِثُ: الْكِتَابَةُ

....	....	....	بَابٌ
....	....	....	عَاتٍ
....	....	....	عِيرٌ
....	....	....	حَامٍ
....	....	....	مِيمًا
....	....	....	سُورٌ
....	....	....	دِيرٍ
....	....	....	شَاةً
....	....	....	نُوحٌ
....	....	....	نُورًا

De mudoed met voorbeeldletter ba

…………	…………	…………	…………	…………	…………	بَا
…………	…………	…………	…………	…………	…………	بُو
…………	…………	…………	…………	…………	…………	بِي
…………	…………	…………	…………	…………	…………	بَى ¹

…………………	…………………	…………………	…………………	مَالَهُ
…………………	…………………	…………………	…………………	أَنِيسُ
…………………	…………………	…………………	…………………	يَنْمُو
…………………	…………………	…………………	…………………	عَلَى ²
…………………	…………………	…………………	…………………	عَصَا ³

De mudoed (lange klanken) zie je in het midden of aan het eind van een woord.

¹ De alif maqsoora is de alif medd in de vorm van de ya.

Deze zie je soms aan het eind van een woord. Je spreekt hem hetzelfde uit als een normale medd letter. (zoals 'alaa ² en 'asaa ³)

Extra: De alif hamza أ in het begin, midden en eind van het woord.

....	....	....	....	....	....	لَأَ ¹
....	....	....	....	....	....	ء ²
....	....	....	....	....	....	ئ ³
....	....	....	....	....	....	ؤ ⁴

....	....	....	....	أَمَرَ
....	....	....	....	سَأَلَ
....	....	....	....	قَفَأَ
....	....	....	....	سُئِلَ
....	....	....	....	لُؤْلُؤ

De hamza schrijf je op veel verschillende manieren.

1. Als ervoor een laam komt.
2. Op de lijn, zonder streepje.
3. Op de yaa zonder puntjes.
4. Op de waaw.

Alle manieren hebben hun eigen regel.

SPEELKAARTJES

Knip de kaartjes uit om mee te oefenen, memory spelletjes te spelen, of mee te knutselen. Veel plezier!

Verder gaan met Arabisch begrijpen?

Proficiat!

We zijn zo trots op je dat je de cursus hebt afgerond, Alhamdoelillaah!
Nu je kan lezen en schrijven is de weg voor je open.
Nu kan je verder gaan met Arabisch leren te begrijpen.

Cursus "Van Alif tot Arabisch Niveau 2: Je Eerste Woordjes" is de perfecte methode om je op de makkelijkste manier hierin te begeleiden.

Compleet met boek, filmpjes, spelletjes, oefeningen en quizzen, en begeleiding van de docente. Geheel in je eigen tijd en op je eigen tempo.

Bezoek de website:
www.vanaliftotarabisch.nl/niveau-2

Je kunt ook direct contact met ons opnemen:
contact@vanaliftotarabisch.nl

Of app ons via WhatsApp:
+212 6 03 70 14 58 (Jasmina)

Alle vragen, opmerkingen of feedback
zijn van harte welkom.

Moge Allah je veel succes schenken
in het leren van Arabisch!

DE REDACTIE

ONZE ONLINE CURSUSSEN + BOEKEN

ARABISCH MET PLEZIER
VOOR KINDEREN – DEEL 1

Leer spelenderwijs de letters van het
Arabische alfabet met fatha (a-klank).
Letters herkennen, lezen & schrijven.
Voor ongeveer 3-7 jaar.

ARABISCH MET PLEZIER
VOOR KINDEREN - DEEL 2

Boordevol oefeningen en spelletjes voor de
overige klanken, lange klanken, woordjes
lezen, etc.
Voor ongeveer 4-8 jaar.

QOR´AAN MET TADJWIED CURSUS

Gratis cursus om correct de
Qor´aan te leren reciteren.

1
Videolessen,
oefeningen,
spelletjes

2
Quizzen,
Eindquiz, certificaat

3
Thuis, onderweg,
mobiel, laptop...

4
Onbeperkt toegang
voor heel het gezin

VAN ALIF TOT ARABISCH ONLINE CURSUSSEN + BOEKEN KINDEREN EN VOLWASSENEN

NIVEAU 1 – LEZEN & SCHRIJVEN

Dit niveau behandelt hetzelfde als 'Arabisch met plezier' deel 1 en 2, alleen in een vlugger tempo.

NIVEAU 2 – JE EERSTE WOORDJES.

Leer je eerste woordjes, zinnetjes, verhaaltjes en dialoogjes. Met leuke spelletjes en oefeningen voor kinderen van 5+ en volwassenen.

NIVEAU 3 – EEN STEVIGE BASIS.

Meer verhaaltjes, spelletjes en oefeningen, gesprekken, basis grammatica.

NIVEAU 4 – DIEPER IN DE TAAL.

Diepgaandere teksten, een duik in grammatica, gesprekken voeren en leuke oefeningen.

NIVEAU 5 – ONZE PRACHTIGE TAAL.

Een omvattende cursus voor woordenschat, grammatica en morphologie (sarf) om foutloos Arabisch te lezen, schrijven, begrijpen en spreken.